LE P. BONAVENTURE DE SAINT-AMABLE.

I.

Le P. Bonaventure de Saint-Amable, ainsi connu sous son nom de religion dans l'ordre des Carmes-Déchaussés, naquit à Bordeaux, vers l'an 1610, et fut baptisé dans l'église de Saint-André (1).

Quel était son nom de famille? Nous avons fait, pour le trouver, des recherches qui n'ont pas eu jusqu'ici de résultat (2).

Il était neveu de sœur Catherine-de-Jésus, carmélite du petit-couvent de Bordeaux, qui, pour se soustraire à la direction de M. de Bérulle, sortit de France, et se rendit en Lorraine (3).

Jeune encore, il entra comme novice chez les Grands-Carmes de Bordeaux, et, sous la direction du R. P. Chéron,

---

(1) *Histoire de saint Martial*, T. I, préface.

(2) M. Bertrand, directeur au grand-séminaire de Bordeaux, nous écrivait, le 22 mars 1874 : « J'ai fait des recherches aux Archives départementales. Je n'ai pas trouvé de registre de profession remontant plus haut que 1752. J'ai interrogé les érudits qui s'occupent de biographie bordelaise : aucun n'a pu me dire le nom de famille du P. Bonaventure. »

(3) *Histoire de saint Martial*, T. III, Annales du Limousin, p. 839.

il fit de grands progrès dans la pratique des vertus religieuses. Puis, désirant un genre de vie encore plus austère, il entra dans l'ordre des Carmes-Déchaussés (réforme de sainte Thérèse), et il fit profession dans le couvent de Toulouse, le 5 août 1633.

Peu de temps après sa profession (1635), il se rendit à Limoges, comme nous le voyons par un passage de son histoire (1) : il passa quelques années dans le couvent de Saint-André, vulgairement appelé des Petits-Carmes : il s'y trouvait encore en 1638 (2).

Son biographe, le P. Martial Lacombe, nous dit que, après sa profession solennelle, il fut ordonné prêtre ; et, avec la permission de ses supérieurs, il se rendit au couvent des Carmes-Déchaussés de la province de Gênes, où il se distingua tellement par ses vertus, qu'il aurait été élu supérieur de la maison, s'il n'avait opposé une résistance invincible.

Vers 1656, il revint à Limoges (3), au couvent des Petits-Carmes (aujourd'hui monastère de la Visitation); et, pendant vingt-cinq ans, il travailla constamment au grand ouvrage qu'il a composé sur saint Martial et sur l'histoire du Limousin et de l'Aquitaine.

Le Chapitre de Saint-Martial et celui de la cathédrale lui communiquèrent obligeamment les manuscrits précieux qui étaient conservés dans leurs archives; les érudits de Limoges mirent leurs riches bibliothèques à sa disposition. Il ne se borna pas à explorer les antiquités de cette ville et les trésors des abbayes et des monastères voisins : il alla

---

(1) T. III, p. 839.
(2) Ibid., p. 839 et 842.
(3) T. I, préface.

jusqu'à Clermont, s'arrêta dans la Marche, pour y rechercher les traces du passage de saint Martial, et parcourut dans le même but la partie méridionale de notre province. Pendant le séjour qu'il fit à Clermont, il étudia avec soin les anciens manuscrits du couvent des Carmes-Déchaussés de cette ville. De retour à Limoges, il fit de nouvelles recherches, pour ne rien négliger d'intéressant sur cet important sujet (1). Son premier volume sur l'apostolat de saint Martial, terminé en 1671, ne parut que cinq ans après, en 1676; le second volume, qui renferme une vie détaillée, ou plutôt un très-long panégyrique de saint Martial, ne vit le jour qu'en 1683, quoiqu'il fût approuvé en 1672; et enfin le troisième volume, qui est le plus important, et qui comprend les Annales du Limousin et de l'Aquitaine, était terminé en 1683, et fut imprimé en 1685.

Le P. Martial de Saint-Jean-Baptiste (Martial Lacombe), l'auteur du savant ouvrage qui a pour titre : *Bibliothèque des écrivains de l'ordre des Carmes-Déchaussés*, fait le plus grand éloge des vertus et de la sainteté du P. Bonaventure :

« Tous ceux qui l'ont connu, dit-il, savent avec quel zèle il pratiqua et fit pratiquer l'observance régulière, surtout pendant qu'il exerça les fonctions de maître des novices et de définiteur provincial. Tous ont admiré la patience avec laquelle il supporta, dans sa vieillesse, les douleurs les plus aiguës. »

Plein de jours et de mérites, il mourut le 5 décembre 1691, à Limoges, dans le couvent des Petits-Carmes, au milieu de ses confrères, qui le vénéraient comme un saint.

Le P. Martial Lacombe, qui résidait alors à Limoges, et

---

(1) *Histoire de saint Martial,* T. I, préface.

qui assistait à ses derniers moments, ajoute : « Sa mémoire est en bénédiction parmi eux et parmi ceux qui l'ont connu (1) ».

II.

Le P. Bonaventure a écrit l'*Histoire de saint Martial* en trois volumes *in-folio*.

Le premier volume a pour titre : « *Histoire de saint Martial, apôtre des Gaules, et principalement de l'Aquitaine et du Limosin, ou la Défense de son apostolat contre les critiques du temps, par le P. Bonaventure de Saint-Amable, définiteur provincial des Carmes-Déchaussés de la province d'Aquitaine.* A Clermont, de l'imprimerie de Nicolas Jacquard, 1676. » In-folio de 644 pages (non compris la table des matières).

Ce volume, divisé en douze livres, est une dissertation sur l'apostolat de saint Martial et sur l'antiquité des Eglises de France.

Dans le premier livre, le P. Bonaventure expose l'état de la question, et parle des deux opinions qui font venir saint Martial, l'une sous l'empire de Dèce, l'autre au temps de saint Pierre ; et il s'efforce de montrer que la première opinion paraît fausse et nouvelle par la discordance de ses auteurs et de ses défenseurs. On trouve à la fin de ce premier livre une longue lettre du bienheureux Bardon, de Limoges, au cardinal Bellarmin, sur cette question de l'apostolat de saint Martial.

Le second livre est consacré à la réfutation de Sulpice-

---

(1) *Bibliotheca scriptorum utriusque congregationis et sexûs Carmelitarum excalceatorum, collecta et digesta per P. Martialem à S. Joanne-Baptista, ejusdem ordinis.* In-4º, Bordeaux, 1730.

Sévère, c'est-à-dire à la réfutation du passage de cet écrivain sur lequel les adversaires s'appuient pour établir que la foi a été prêchée tardivement dans les Gaules.

Dans le troisième livre, le P. Bonaventure prouve, par des documents anciens, que l'Evangile a été annoncé du temps des apôtres dans les différentes contrées de l'Europe : l'Italie, l'Espagne, l'Angleterre et l'Allemagne.

Le quatrième livre est consacré à la réfutation du fameux passage de Grégoire de Tours qui place sous l'empire de Dèce, c'est-à-dire en 250, la mission des sept premiers évêques des Gaules.

Dans le cinquième livre, le P. Bonaventure réfute la dissertation ou recherche de J. Descordes, chanoine de Limoges, contre l'apostolat et la mission de saint Martial. C'est là seulement qu'on trouve publié le texte français de cet ouvrage de Descordes, qui, traduit en latin par Bosquet, et publié par lui dans son *Histoire ecclésiastique des Gaules*, a été réimprimé par les Bollandistes, au 30 juin, fête de saint Martial.

Dans le sixième et le septième livres, le P. Bonaventure établit que l'Evangile a été annoncé dans diverses provinces de la Gaule par les apôtres et les hommes apostoliques.

Le huitième livre traite des martyrs de la Gaule au 1er et au IIe siècles. L'auteur cite l'autorité des Pères pour établir que la foi a été prêchée dans la Gaule au temps des apôtres.

Dans le neuvième livre, le P. Bonaventure, passant en revue les principales églises de l'Aquitaine, cherche à montrer qu'elles ont été fondées du temps des apôtres.

Dans le dixième livre, il parle du discipulat et de la mission apostolique de saint Martial, qu'il prétend établir par le témoignage de la Vie attribuée à Saint Aurélien, et par les épîtres de saint Martial, dont il soutient l'authenticité. Il aujoute à ces autorités le témoignage des auteurs du pays, des écrivains étrangers, et il s'appuie sur les monuments de Rome et sur la succession des évêques de Limoges.

Les livres onzième et douzième sont consacrés au titre d'apôtre donné à saint Martial. L'auteur établit cet apostolat par le témoignage de l'Eglise de Limoges et des écrivains du pays, par les témoignages étrangers, par les Eglises d'Orient et d'Occident, par les Eglises de France et d'Aquitaine, par les martyrologes, par l'autorité des papes, des conciles, des synodes, par les miracles et les traditions, etc.

Il y a dans ce livre une érudition immense. La critique n'est pas toujours absente ; mais elle fait parfois défaut. Bonaventure manquait de ce coup d'œil qui fait discerner, dans les anciens documents, les détails qui peuvent être apocryphes. Sa bonne foi ingénue et son zèle pour la gloire de saint Martial ne lui permettaient pas de douter de l'authenticité des monuments que la vénérable antiquité avait élevés en l'honneur de l'apôtre de l'Aquitaine.

Quoi qu'il en soit, nous devons reconnaître et publier que nous avons puisé dans ce livre un grand nombre de textes anciens et même plusieurs arguments que nous avons utilisés dans notre *Dissertation sur l'apostolat de saint Martial*. Nous avons essayé de mettre plus de méthode dans l'argumentation, plus d'ordre et de brièveté dans l'exposé des preuves : mais nous avons trouvé là un grand nombre de matériaux et de documents dont la recherche, dans les sources mêmes, eût exigé beaucoup de temps et de travail.

Le second volume, approuvé par les Supérieurs en 1672, ne fut imprimé qu'en 1683, à Limoges, chez Charbonnier-Pachi. C'est un in-folio de 668 pages, consacré tout entier à rapporter la vie de saint Martial, ses prédications dans les diverses contrées de l'Aquitaine, ses vertus, ses miracles, les translations et ostensions de ses reliques, etc.

Le P. Bonaventure montre que saint Martial a les qualités des anges et des archanges, des principautés et des puissances, des vertus célestes et des dominations, des trônes, des chérubins et des séraphins. Chaque livre de ce volume est consacré à développer chacune de ces ressemblances, et c'est ainsi qu'il encadre la vie et le panégyrique de saint Martial.

Au milieu de ces amplifications, on trouve des détails curieux et savants sur les diverses églises de Limoges, sur les priviléges de la cathédrale, sur l'histoire de ses constructions et sur les hommes notables qui y sont inhumés. Un autre livre renferme des détails non moins intéressants sur l'histoire du monastère de Saint-Martial et sur les priviléges de cette antique abbaye. En un mot, ce volume est une mine féconde où l'on peut puiser une multitude de faits curieux et de documents rares qui se rattachent à l'histoire du Limousin.

L'impression de ce volume laisse beaucoup à désirer. Charbounier-Pachi n'avait pas, dans son imprimerie, un outillage suffisant et un assez grand nombre de caractères typographiques. Comme on peut le voir dans la table des matières qui précède le volume, l'imprimeur remplaçait certains chiffres par des lettres qui offraient quelques ressemblance, par exemple le chiffre 2 par la lettre z. Cependant il ne se ruina pas à cette édition, comme fit plus tard l'imprimeur du tome troisième, parce que les Carmes-Déchaussés de Limoges la prirent tout entière à leur compte (1).

---

(1) *Journal de la Haute-Vienne*, 1808, p. 217.

Le troisième volume, qui serait mieux intitulé : *Annales ecclésiastiques et civiles du Limousin*, fut publié à Limoges en 1685. C'est un *in-folio* de 874 pages. Le P. Bonaventure y rapporte les faits mémorables du Limousin et de l'Aquitaine, tout ce qui se rattache aux saints et aux hommes illustres de la province, depuis saint Martial jusqu'à la fin du xviie siècle (1682). L'ouvrage est précédé d'une introduction concernant l'état des Gaules et du Limousin sous Jules-César (1). Les antiquaires n'étaient guère plus encouragés à cette époque que de nos jours, s'il est vrai, comme on le dit, que l'imprimeur, Antoine Voisin, se ruina à l'impression de ce gros volume (2).

Voici le jugement que l'abbé Texier a porté sur ce dernier ouvrage :

« Le troisième volume, infidèle à son titre, est une histoire longue et détaillée de notre province. On peut reprocher à ce dernier ouvrage le défaut d'ordre, l'absence de critique, la longueur du style. Les faits de l'histoire générale s'y réunissent constamment aux faits particuliers de l'histoire de la province. Il est tel chapitre de la table des matières où la crédulité de l'auteur prête matière à d'interminables plaisanteries. Nous reconnaissons tous ces défauts, et nous n'en proclamons pas moins cet ouvrage le plus savant, le plus complet, le plus utile qu'on ait publié en aucun temps sur l'histoire d'une

---

(1) M. Villenave, dans l'article sur le P. Bonaventure que publie la *Biographie universelle de Michaud*, dit « l'état des Gaules et du Limousin *depuis* Jules-César » : c'est inexact. M. de Villenave se trompe également quand il dit *qu'on trouve dans le premier volume l'histoire des saints du Limousin* ».

(2) *Journal de la Haute-Vienne*, 1808, p. 150.

province (1). La candeur naïve de l'auteur est une qualité de plus : il recueille tous les témoignages anciens. Son livre est une déposition historique qui, dans cette grande cause qu'instruit l'histoire avec des aperçus si changeants, conserve toute sa valeur. Les archives des monastères et des villes ont été brûlées : on serait tenté de le regretter peu. Bonaventure a tout lu, tout transcrit, tout analysé : généalogie des familles, histoire des abbayes, faits honorables ou tristes, vie des cités, renseignements commerciaux, son livre impayable embrasse tout avec une abondance et une bonne foi qui jamais ne se lasse. Si notre annaliste se trompe, c'est qu'il répète l'erreur d'un chroniqueur contemporain. Nous ne connaissons pas de sincérité plus entière (2). »

Tout en faisant la part du blâme, l'abbé Texier prodigue au P. Bonaventure des éloges qui semblent hyperboliques. Il y a moins d'exagération dans ce jugement qu'on trouve dans le *Dictionnaire historique* de Feller : « On pourrait reprocher au P. Bonaventure de manquer de méthode, et même de n'être pas toujours exact : ce sont des taches qu'il eut été bien difficile d'éviter dans un aussi grand ouvrage, qui a demandé tant de recherches. On n'en doit pas moins beaucoup de reconnaissance à l'auteur pour avoir amassé laborieusement tant et de si précieux matériaux, qui pourront par la suite être mis en œuvre d'une manière plus exacte. »

---

(1) Quand l'abbé Texier formulait ce jugement, il ne songeait pas à l'*Histoire du Languedoc,* par dom Vaissette, ni à l'*Histoire de la Lorraine,* par dom Calmet, ni à l'*Histoire de Bretagne,* par dom Lobineau.

(2) *Biographie Limousine,* préface, page VI.

Nous trouvons donc que le P. Lelong, dans la *Bibliothèque historique de la France,* a porté un jugement trop sévère quand il a dit de l'ouvrage du P. Bonaventure ces quelques mots : « Ce livre est mal fait et peu exact. Le troisième volume contient l'histoire et les antiquités du Limousin » (1).

Outre ces trois volumes, publiés par trois imprimeurs différents, le P. Bonaventure a laissé quelques manuscrits.

Nous avons vu, à la Bibliothèque nationale, une copie du catalogue des livres de l'abbaye de Saint-Martial, rédigé par le P. Bonaventure, vers l'an 1669 (2). Ce catalogue a été publié par Montfaucon (3).

De plus, on trouvait, au siècle dernier, dans la bibliothèque des Petits-Carmes de Limoges, divers ouvrages de poésie écrits en latin, ouvrages qui paraissaient dignes de l'impression, et dont voici les titres :

1° *Expositio in Cantica canticorum,* en vers hexamètres, un volume in-4°;

2° *Eliados,* l'Eliade, ou Vie du prophète Elie, en dix-huit livres, un volume in-8°;

3° *Theresiados,* la Thérésiade, ou Vie de sainte Thérèse, en six livres, un volume in-8°;

---

(1) *Bibliothèque historique de la France,* n° 1,006; édition de M. de Fontette, T. 1, n° 4,063.

(2) Fonds latin, 13,069. « Catalogus librorum thesauri S. Martialis, transcriptus ex originali P. Bonaventuræ, Carmel. discalceati, qui hunc confecit », p. 81-91. — On trouve ce même catalogue dans les mss. latins 9,363, fol. 69, et 12,663, fol. 59. Voir le savant ouvrage de M. Léopold Delisle, « *le Cabinet des Manuscrits,* » in-4°, p. 395.

(3) *Biblioth. Biblioth.,* T. II, 1033 à 1040.

4° *Piarum tragœdiarum liber,* Livre de pieuses tragédies;

5° *Pia desideria, elegiis et affectibus illustrata,* Pieux désirs, etc;

6° *Officium S. Agnetis,* Office de sainte Agnès, traduit en vers élégants;

7° *Cantica,* Cantiques, volume renfermant plus de mille vers. Ces cantiques étaient composés sur le modèle de ceux de sainte Thérèse et de saint Jean de la Croix (1).

Le P. Bonaventure, quoique étranger par sa naissance au Limousin, a conquis, par ses recherches et ses publications, le droit d'être compté parmi les hommes illustres de notre province. En rendant d'éminents services à notre histoire locale, il a bien mérité de sa patrie d'adoption.

---

(1) *Bibliotheca scriptorum Carmelit. excalceat.* per P. Martialem à S. Joanne-Baptista; in-4°, Bordeaux, 1730.

PIERRE DE LIMOGES.

I.

Pierre de Limoges, célèbre prédicateur et docteur en théologie au XIIIe siècle, naquit à Donzenac (aujourd'hui département de la Corrèze), vers l'an 1230. On l'appelait Pierre de Limoges, suivant la coutume de cette époque, parce qu'il était originaire de la province du Limousin.

Nous avons découvert son véritable nom de famille dans le manuscrit 3,696 de la Bibliothèque nationale. A la fin de son traité *sur l'Œil moral* (*de Oculo morali*), on lit ces paroles : « Ici se termine le livre de *l'Œil moral*, composé par maître Pierre *Layssepieyre*, très-grave philosophe et docteur en théologie, né non loin de la cité de Limoges (1) ».

Baluze nous dit que, de son temps, ce nom de *la Sepière* était donné à un jardin de la petite ville de Donzenac, qui avait appartenu à cette famille, et qui était contigu au château de Monteruc, où est né le cardinal Pierre de Monteruc, neveu du pape Innocent VI (2).

---

(1) Explicit liber de Oculo morali, editus à magistro Petro *Layssepieyra*, gravissimo philosopho, nec non sacre theologie magistro, de prope civitat. Lemovic. oriundo, ulteriori Gallia, quæ versus plagam respicit occidentalem. (Ms. 3,696.)

(2) BALUZE, *Vitæ papar. Avenion.*, T. I, col. 934.

C'est donc à tort que les divers écrivains qui ont parlé de Pierre de Limoges l'ont appelé Pierre de Seperia (1) ou Pierre de Sépérie (2): son véritable nom était Pierre Layssepieyre ou *la Sépière*.

L'abbé Vitrac, qui a composé un certain nombre de biographies limousines (3) d'après les notes manuscrites de l'abbé Nadaud, a fait deux personnages différents de Pierre de Limoges et de Pierre de Sépérie, et lui a consacré, sous ces deux noms, deux articles biographiques (4).

Pierre de Limoges avait le titre honorifique de chapelain du Pape, comme le prouve un acte du 11 juillet 1255. Il suivit les prédicateurs de son temps, et rédigeait en latin le résumé de leurs sermons. La Bibliothèque de la Sorbonne possédait plusieurs volumes de ces résumés, qui sont aujourd'hui à la Bibliothèque nationale. On peut parfaitement juger, d'après ces extraits, de ce qu'était l'éloquence sacrée, à Paris, au XIIIe siècle. Pierre de Limoges était lui-même un excellent prédicateur pour son temps. En 1273, il prêcha devant le roi (Philippe le Hardi), le jour du Jeudi-Saint (5)

Après le décès de Gilbert de Malemort, évêque de Limoges, arrivé le 5 des ides de juin (9 juin) 1294, les cha-

---

(1) COLLIN, *Table Chronolog.*, col. I, XIVe siècle. — *Gallia Christ. nova*, T. II, col. 531. — LABICHE, *Vies des Saints du Limousin*, T. III, p. 405.

(2) P. BONAVENT., T. III, p. 600. — VITRAC, *Annales de la Haute-Vienne*, 1813, p. 317. — *Annales manuscrites de Limoges* (1638), p. 7.

(3) Publiées en partie dans les *Annales de la Haute-Vienne*, 1811-1813.

(4) *Pierre de Limoges*, dans les *Annales de la Haute-Vienne*, 1813, p. 65. — *Pierre de Sépérie, ibid.*, p. 317.

(5) *Annales de la Haute-Vienne*, 1813, p. 65.

noines de la cathédrale se réunirent, au mois d'août suivant, pour élire son successeur. Ils nommèrent, d'une voix unanime, Pierre Layssepieyre, qui était alors chanoine d'Evreux. Parmi les délégués du Chapitre qui allèrent lui notifier son élection se trouvait Raynaud La Porte, chanoine et archidiacre de Combrailles : Pierre Layssepieyre refusa cette dignité par un sentiment de modestie excessive. Le même sentiment lui avait déjà fait refuser l'évêché d'Alby, qui lui était offert par le pape. Sur son refus, les chanoines de Limoges, au mois de novembre suivant, élurent Raynaud La Porte, qui fut plus tard archevêque de Bourges et cardinal (1).

Pierre Layssepieyre mourut en odeur de sainteté, l'an 1306, à Blaye, en revenant de Bordeaux, où il était allé prêcher (2).

II

L'ouvrage le plus célèbre de Pierre de Limoges est intitulé : *De l'Œil moral (de Oculo morali)*. On en trouve plusieurs manuscrits à la Bibliothèque nationale. Nous citerons en particulier le ms. 3,234 du fonds latin. C'est un magnifique exemplaire, où le *Traité de l'Œil moral* occupe 96 feuillets à 2 colonnes.

Cet ouvrage a été publié en 1503, à Logrono, en Espagne, comme on le voit par la note suivante d'un catalogue de librairie parisienne : « *Liber de Oculo morali... Impressus in civitate Lugruñii p̃ Arnaldum Guillermũ de Bro-*

---

(1) *P. Bonavent.*, T. III, p. 600. — *Gallia Christ. nova*, T. II, col. 531.

(2) COLLIN, *Table Chronolog.*, 1ʳᵒ col., XIVᵉ siècle. — *Annales de la Haute-Vienne*, 1813, p. 317.

cario, 1503. XCVI ff. fig. sur bois au titre (1) ». C'est une curiosité bibliographique que les amateurs limousins seraient heureux de posséder.

Pour répondre au désir de quelques-uns de nos lecteurs, nous allons en publier le commencement, où Pierre de Limoges donne le titre des quinze chapitres qui composent ce traité. Nous offrons cela comme une primeur, attendu que nos écrivains limousins qui ont parlé de Pierre de Limoges se sont bornés à citer le titre de son ouvrage.

Incipit Tractatus de Oculo morali.

Si diligenter voluerimus in lege Domini meditari, facillime perpendemus ea quæ pertinent ad visionem et oculum præ cæteris frequentius in sacris eloquiis recitari, ex quo patet considerationem de oculo et de hiis quæ ad eum spectant esse perutilem ad habendam divinæ sapientiæ notitiam pleniorem.

Dicturus igitur aliqua de oculo, prout ibi continetur animarum ædificatio, primo de ipso scientialiter, secundo post hoc moraliter brevem volo sermonem facere, prout ille « qui finxit oculum », « cujus oculi respiciunt in pauperem », rationis meæ cæcutientem oculum dignabitur illustrare.

Præséns autem opusculum in capitulorum quindenarium est distinctum :

Primum capitulum tractat de numero partium oculum componentium ;

Secundum, de partium ordine in oculi dispositione ;

Tertium, de visionis numero ;

Quartum, de visionis modo ;

Quintum, de visionis organo completivo ;

Sextum, de XIII mirabilibus circa oculi visionem, moralem continentibus informationem ;

---

(1) *Maisonneuve*, Catalogue de janvier 1875. — Supplément nº 1.

Septimum, de informatione morali secundum duodecim proprietates repertas in oculo corporali;

Octavum, de septem differentiis oculorum juxta differentiam vitiorum capitalium;

Nonum, de sumptuositate oculi respectu cæterarum partium corporis humani;

Decimum, de corporalium oculorum carentia æquanimiter sufferenda;

Undecimum, de informatione scolarium ex septem conditionibus quæ requiruntur ad visum;

Duodecimum, de instructione prælatorum ex septem proprietatibus oculorum;

Tertiumdecimum, de quatuor rebus quas spirituales oculi debent jugiter contemplari;

Quartumdecimum, de tribus visibilibus oculum delectantibus;

Quintumdecimum, de oculo septemplici intuitûs divini.

Voici le titre des articles qui composent le chapitre huitième, dans lequel Pierre de Limoges parle des vices capitaux :

1º De superbia-superbo oculo;
2º De invidia;
3º De oculo turbato iracundorum;
4º De acidia;
5º De oculo pulvurento avarorum;
6º De oculo carneo gulosorum;
7º De impudico oculo luxuriosorum.

Le chapitre quatorzième parle de trois choses qui délectent l'œil du corps :

Tria sunt quæ oculus corporalis delectabiliter intuetur : videlicet, aquæ limpiditatem, florum et viridium venustatem, et speculi claritatem....

Per aquam ad præsens intelligo virginem gloriosam; per flores et viridia, sanctorum agmina; per speculum, Dominum nostrum Jesum Christum....

Delectatur siquidem oculus viri justi cum cernit rosas martyrum, violas confessorum, lilia virginum....

On le voit, c'est une étude spéciale de *l'œil*, d'abord au point de vue scientifique, ensuite au point de vue moral. L'auteur y rattache une foule de questions qui, de prime abord, paraissent être étrangères à son sujet, telles que la nécessité de la patience quand on est privé de la vue, les vices capitaux, la bonne éducation des écoliers, les devoirs des prélats vis-à-vis de leurs inférieurs, la gloire des élus, l'omniscience divine, etc.

Le traité de l'Œil moral se trouve encore dans les manuscrits suivants du fonds latin : — 3,696, ms. du xve siècle, provenant de l'abbaye de Saint-Martial : à la fin du traité, on lit le nom de l'auteur ; — 14,974 (fol. 121), xve siècle, provenant de l'abbaye de Saint-Victor ; — 16,395, xiiie siècle, petit in-4° à deux colonnes, dont ce traité remplit 94 feuillets ; — 16,396, xiiie siècle : ce traité est suivi d'une compilation d'écrits théologiques ; — 16,490, fol. 169-204, xive siècle. Ces trois derniers manuscrits appartenaient au fonds Sorbonne.

III.

Outre son Traité *de l'Œil moral,* Pierre de Limoges a composé un volume de *Distinctions* qu'on trouve dans le manuscrit 16,482 de la Bibliothèque nationale. Voici une note que nous avons copiée au commencement de ce volume :

« Ce manuscrit du xiiie siècle a été légué à la maison de Sorbonne par maître Pierre de Limoges, de la Société de Sorbonne. Il contient :

» 1° Les *Distinctions* de Pierre de Limoges, qui vivait en 1260. Ces *Distinctions* étaient des extraits, des pensées de différents sermons qu'avait lus ou entendus Pierre de Limoges. Il y cite le nom des prédicateurs, les églises et les heures où ils ont prêché ;

» 2° Les sermons prêchés dans l'Université pendant l'Avent et le Carême : ces sermons sont écrits de la main de Pierre de Limoges ;

» 3° D'autres *Distinctions,* comme les premières, par ordre alphabétique. »

M. Léopold Delisle, en résumant ce manuscrit, s'exprime en ces termes : « Distinctions de Pierre de Limoges. — Sermons prêchés à Paris en 1261 et 1263, xiii° siècle (1). »

Le même savant analyse ainsi le manuscrit 15,971 : — « Recueil attribué à Pierre de Limoges, et intitulé : *Exempla sermonum et sermones,* xiii° siècle (2).

» Pour donner une idée de ce que renferment les *Distinctions* de Pierre de Limoges, citons l'extrait suivant d'un article publié dans les *Etudes religieuses* par le P. A. Cahour. L'article a pour titre « : *L'Eloquence sacrée au* xiii° *siècle* ».

« Eve et la femme de Pilate figurèrent souvent dans les chaires du xiii° siècle. Il n'est pas rare de trouver dans les sommes oratoires de cette époque des discours intitulés : *Sur dame Eve,* — *de domina Eva.* Les femmes n'y sont pas toujours traitées avec le ménagement que recommande Humbert (*de Romans*) : aussi se fâchèrent-elles quelquefois. Citons un exemple des troubles causés, à cette occasion, par la rudesse de l'orateur et la susceptibilité de l'auditoire. L'intérêt historique d'un petit événement qui retrace les mœurs intimes de l'âge que nous étudions en fera pardonner la légèreté. Nous en devons le récit à deux graves contemporains, à Nicolas Gorrant, que nous retrouvons parmi les prédicateurs d'Avent et de Carême en 1272 et

---

(1) LÉOPOLD DELISLE. *Inventaire des manuscrits de la Sorbonne,* Paris, Durand, 1870.

(2) ID., *ibid.*

1283, et à Pierre de Limoges, l'un des fondateurs de la Sorbonne et le rédacteur de ces journaux de la chaire dont nous parlerons plus tard. Le premier attesta le fait ; le second l'a mis par écrit dans son livre des *Distinctions,* dictionnaire oratoire, où les sujets de sermon sont rangés par ordre alphabétique, ouvrage latin demeuré dans les manuscrits de la Bibliothèque impériale.

» Au mot *Eva,* Pierre de Limoges remarque que la femme, par son orgueil et sa sottise, a perdu le genre humain ; puis il ajoute : « Nicolas Gorrant me raconta à ce propos qu'un grand maître en théologie, nommé frère Guillaume, et dominicain comme lui, prêchait admirablement bien sur cette matière, à tel point que toutes les femmes fuyaient son sermon et se sauvaient comme si le diable eut monté en chaire. Donc une noble dame, que frère Nicolas disait avoir bien connue, avec laquelle il avait même causé, voulut entendre le célèbre prédicateur et juger son sermon sur les femmes. Elle imagina d'abord de faire en sorte qu'aucun homme ne se trouvât dans sa chapelle, sauf quelques écuyers sur la discrétion desquels on pouvait compter ; puis elle envoya prier le Frère de venir prêcher sur son sexe tout ce qu'il voudrait. Le prédicateur arrive :
« Frère Guillaume, lui dit-elle, soyez tranquille, vous
» n'aurez que des femmes dans votre auditoire : je vous
» conjure donc de dire sur notre compte tout ce que vous
» pourrez trouver ». Lui de s'excuser de son mieux, en disant : « Veuillez, Madame, renoncer à votre projet » ; car il prévoyait bien que la fin de son discours ne lui serait pas agréable. La châtelaine n'en fut que plus ardente : il fallut consentir. Le sermon commença, l'auditoire tint bon : elles avaient entendu tout cela. Mais arriva le moment où frère Guillaume, pour montrer non-seulement tout le mal que les filles d'Eve avaient fait, mais aussi tout

celui qu'elles avaient voulu faire, en vint à la femme de Pilate, et tira de ses remontrances à son mari un parti inattendu : « A l'instigation du diable, s'écria l'orateur, » elle voulut empêcher la rédemption du genre humain ». A ce coup, la noble dame n'y tint plus, et, du milieu de l'assemblée, elle cria : « Ah! pour l'amour de Dieu, frère » Guillaume, taisez-vous, et cessez de calomnier les » femmes! » (1).

On voit qu'on peut puiser dans les Distinctions de Pierre de Limoges de curieux détails sur l'éloquence sacrée au XIIIᵉ siècle.

Après cette indication, probablement incomplète, de quelques-uns des ouvrages de Pierre Layssepieyre, nous sommes tenté de dire, avec quelques-uns de nos lecteurs : « Mais qui donc aujourd'hui, en Limousin, connaît Pierre de Limoges ? La génération actuelle, qui exhume les célébrités d'autrefois, fera-t-elle revivre cette gloire éteinte, et ce personnage, jadis illustre, sortira-t-il de l'oubli ? »

---

(1) *Etudes religieuses*, janvier 1863.

JEAN DE LIMOGES.

L'abbé Vitrac, dans ses Biographies limousines, publiées dans les *Annales de la Haute-Vienne*, n'a fait qu'un seul personnage de Jean de Limoges auteur du *Songe moral de Pharaon*, qui écrivait vers l'an 1250, et de Jean de Limoges bibliothécaire du pape Jean XXII, qui mourut en 1346 (1). Ces deux dates montrent jusqu'à l'évidence que ce sont deux personnages différents.

I.

Jean de Limoges, ainsi nommé à cause de la province dont il était originaire, est l'auteur d'un opuscule intitulé : *Songe moral de Pharaon*, ou *Exposition morale du songe du roi Pharaon*. Il dédia son ouvrage à Thibaud, roi de Navarre, comte de Champagne et de Brie. Or ce Thibaud, protecteur des lettres et lettré lui-même, monta sur le trône de Navarre en 1234 et mourut à Pampelune en 1253. Jean de Limoges écrivit donc le « Songe moral de Pharaon » vers le milieu du XIIIe siècle.

Nous n'avons trouvé sur cet écrivain aucun détail biographique. A la vérité, nous avons lu, dans une note manuscrite de l'abbé Nadaud, « qu'un frère Jean de

---

(1) *Annales de la Haute-Vienne*, 1813, p. 23.

» Limoges était pénitencier du Pape l'an 1251 » (1). Les dates concordent ; mais cela suffit-il pour établir l'identité ?

Le « Songe moral de Pharaon » n'a jamais été publié. Il se compose d'une série de lettres échangées entre Pharaon et les mages d'Egypte, entre le roi et ses ministres, entre Pharaon et Joseph, entre Joseph et les courtisans, etc. : il y a en tout vingt lettres. Nous allons donner la première, dans laquelle l'auteur indique la division de son ouvrage :

JOANNES LEMOVICENSIS.

Incipit moralis expositio sompnii regis Pharaonis (ms. 14,357).

Incipit morale sompnium Pharaonis ad dominum Theobaldum, regem Navare inclitum, Campanie ac Brie comitem palatinum.

Victorioso principi, potestates aereas debellanti, domino Theobaldo, regi Navarre magnifico, Campanie ac Brie comiti palatino, suus Joannes vocatus Lemovicensis, bonum certamen certare, cursum feliciter consummare.

Rex virtutum, progressurus ad prælium adversus principes tenebrarum, viris olim spiritualibus inspiravit novam castrorum aciem, novam *bellatorum* (2) cohortem caritative colligere, caritativis stipendiis exhibere maturiores, scilicet philosophie (3) filios, quos scientia providos, gracia strenuos, paupertas reddidit expeditos, accingendo gladium spiritus, quod est verbum Dei, et eos spiritali milicie ascribendo.

Excipiat igitur Excellentiæ vestræ fastigium, meæ, si placet, exilitatis xenium (4), in viginti epistolas dispertitum, quarum

---

(1) NADAUD. *Mém. mss. Lim.*, T. V, p. 180, citant WADDING, *Regest. pontific.*, n. 1, p. 1. (Ap. LEGROS, *Vies des Saints*, T. III, p. 398.)

(2) Il y a dans le ms. : *stellarum*.

(3) Alias *prophete*.

(4) Ms. : *excilitatis exenium*.

primam, quam in præsentiarum cernitis, majestati vestre permitto super vestræ postulationis impletione.

Secunda est Pharaonis ad magos super sompnii declaratione.
Tertia magorum ad ipsum super eorum excusatione.
Quarta regis ad ministros super interpretis investigatione.
Quinta prepositi pincernarum ad ipsum super Joseph manifestatione.
Sexta regis ad Joseph super interpretationis exactione.
Septima Joseph ad ipsum super timorata recusatione.
Octava regis ad Joseph super ejusdem animatione.
Nona Joseph ad ipsum super articuli prioris elucidatione.
Decima regis ad Joseph super cure regalis inquisitione.
Undecima Joseph ad ipsum super regalis officii determinatione.
Duodecima regis ad Joseph super articuli posterioris efflagitatione.
Tertia decima Joseph ad ipsum super ejusdem articuli enucleatione.
Quarta decima regis ad Joseph super consilii opportuni postulacione.
Quinta decima Joseph ad ipsum super petitionis exauditione.
Sexta decima regis ad Joseph super consilii prestiti prosecutione.
Septima decima adulatorum ad Joseph super ejus attractione.
Octava decima Joseph ad ipsos super eorum restitutione.
Nona decima detractorum ad Joseph super regis reformatione.
Vicesima Joseph ad ipsos super eorum consolatione (1).

Cet ouvrage se trouve dans plusieurs manuscrits de la Bibliothèque nationale :

N° 15,812, ms. à deux colonnes, fol. 28-39, xiii° siècle. — Ce manuscrit provient de la Bibliothèque de la Sorbonne.

N° 14,357, fol. 59-64, xiv° siècle. — Ce manuscrit provient de l'abbaye de Saint-Victor.

---

(1) Ms 15,812.

N° 3,596, xv° siècle. — Ce manuscrit, où l'ouvrage de Jean de Limoges remplit 29 feuilles, provient de l'abbaye de Saint-Martial.

N° 6,069.

Nous avons vu quelque part qu'un manuscrit de cet ouvrage se trouvait aussi à la Bibliothèque de Saint-Pierre de Cambridge.

Sermons. — Un recueil de sermons manuscrits, composés par seize prédicateurs du xiii° siècle, renferme des sermons de Jean de Limoges : Bibliothèque nationale, n° 15,956, xiii° siècle. — Ce manuscrit provient de la Sorbonne.

Ars rhetorica è Tullio, Horatio, Dalphino Boncompaing et Johane Lemovicensi : Bibliothèque nationale, n° 14,175, fol. 18. — Ce manuscrit, qui date de l'an 1454, provient de l'abbaye de Saint-Germain-des-Prés (1).

II.

Jean de Limoges, ou peut-être, en langue vulgaire, *Jean le Limousin* (2), naquit vers l'an 1260, et entra dans l'ordre des Ermites de Saint-Augustin. Nous ne savons pas s'il était parmi les religieux augustins qui s'établirent à Limoges en 1290 (3).

Joseph Pamphile, dans sa *Chronique de l'ordre des Ermites de Saint-Augustin*, dit que, l'an 1319, le pape

---

(1) LÉOPOLD DELISLE, *Inventaire des manuscrits de Saint-Germain-des-Prés*, p. 130 ; — *Inventaire des manuscrits de la Sorbonne*, p. 25 et 30 ; — *Inventaire des manuscrits de Saint-Victor*, p. 7.

(2) Johannes le Limosini (*Chroniques de Saint-Martial*, publiées par DUPLÈS-AGIER, p. 356.)

(3) *Chroniques de Saint-Martial*, p. 137. — P. BONAVENT., T, III, p. 597, 604.

— 25 —

Jean XXII donna à cet ordre trois offices de la Cour romaine qu'il avait réunis; savoir : la charge de garder la sacristie pontificale ; celle de conserver la bibliothèque du Pape, et, la troisième, d'entendre la confession du Pontife régnant. Et cet auteur ajoute que le premier qui posséda ces trois offices fut Jean de Limoges, théologien, qui fut tout à la fois sacriste, bibliothécaire et confesseur du pape Jean XXII et de ses successeurs Benoît XII et Clément VI (1).

Quoique ces trois offices aient été confiés au même personnage jusqu'au pontificat de Sixte IV (1480), cependant, dès le pontificat d'Alexandre V (1410), l'office de confesseur était au gré du Pape. Les Augustins ont conservé la charge de sacriste; mais l'office de bibliothécaire du Vatican et celui de confesseur sont au choix et à la volonté du Souverain-Pontife (2).

Onufre Panvinio, dans son ouvrage manuscrit sur l'église de Latran, cité par Wadding (3), dit que Jean de Limoges mourut l'an 1346.

---

(1) « Anno 1319, Joannes 22, pont. Max., ordini Eremitarum S. Augustini, tria in Romana curia officia quæ conjunxerat, concessit. Hæc fuere munus custodiendi sacrarii pontificii, bibliothecæ pontificiæ, et confessionis pontificis pro tempore existentis audiendæ. Primus qui his tribus officiis ab eodem pontifice Avenione præfectus est, Joannes Lemovix theologus, qui fuit bibliothecarius, sacrista et pœnitentiarius Romanorum pontificum Joannis XXII, Benedicti XII et Clementis VI. » (*Chronica ordinis Fratrum Eremitarum Sancti Augustini, fratre Joseph Pamphilo episcopo Signino auctore*. Romæ, 1581, fol. 44 et 45.)

(2) PAGI, *Breviarium gestorum Pontific. Roman.*, T. IV, p. 68.

(3) WADDING, ad ann. 1303, num. 5, — apud PAGI, *Breviarium*, etc., T. IV, p. 68. — On trouve dans Onufre Panvinio et dans

Il n'est donc pas le même que Jean de Limoges auteur du *Songe moral de Pharaon* et prédicateur du XIIIᵉ siècle.

Wadding (loc. cit.) le catalogue des religieux de l'ordre de Saint-Augustin qui ont cumulé cette triple charge de sacriste, de bibliothécaire et de confesseur depuis Jean XXII jusqu'à Sixte IV.

BULLE DU PAPE MARIN Ier

EN FAVEUR DU MONASTÈRE DE SOLIGNAC.

Le pape Marin Ier, qui était, avant son élection, archidiacre de l'Eglise romaine, succéda au pape Jean VIII dans les derniers jours de décembre de l'an 882. Il mourut vers la fin du mois de mai 884, n'ayant occupé le trône pontifical qu'environ un an et quatre mois.

Ce pape donna au monastère de Solignac une bulle ou un *privilége,* que le P. Sirmond a publié le premier dans son livre qui a pour titre : *Anciens conciles de la Gaule* (1), d'après un vieux parchemin que l'on conservait, avant la révolution, dans les archives du monastère de Solignac, et dont nous avons fait l'acquisition il y a une trentaine d'années.

Or cette pièce, que le P. Sirmond croyait être *l'autographe* de la bulle, nous l'avons envoyée à M. Léopold Delisle, membre de l'Institut, directeur de la Bibliothèque nationale. Voici ce que ce savant nous écrit :

« Monsieur l'Abbé, depuis hier j'ai entre les mains votre bulle du pape Marin, et j'ai hâte, après l'avoir examinée, de vous en dire mon avis.

» C'est assurément une pièce fort intéressante, mais à

---

(1) *Concilia antiqua Galliæ,* 1629, T. III, p. 520.

laquelle il me paraît impossible d'attribuer le caractère d'un original authentique. L'aspect de l'écriture n'a rien qui rappelle les usages de la chancellerie romaine du ıx⁰ siècle. C'est, selon moi, une copie faite, en France, à la fin du x⁰ ou au commencement du xı⁰ siècle. Il y a dans le texte plusieurs fautes que n'aurait pas commises un notaire pontifical, et qui s'expliquent par la maladresse d'un copiste français, peu familier avec l'écriture lombarde.

» Les deux lettres que vous me signalez avant *Bene valete* ne sont point, je crois, le commencement du nom de Marinus. C'est la reproduction mal comprise du mot *Amen*, écrit sous une forme monogrammatique. La confusion saute aux yeux quand on rapproche votre bulle de la bulle authentique de Jean VIII pour l'abbaye de Tournus, que nous possédons en original.

» Il y a bien sur votre bulle : *In sanctæ apostolicæ sedis*. Le mot *in* ne me paraît être qu'une méprise du copiste dont il ne faut pas tenir compte, pas plus que des autres erreurs que les premiers éditeurs ont corrigées.

» Les signes qui sont au bas de la pièce doivent être aussi une imitation de notes tracées sur un original; mais je n'ose en proposer une explication.

» En résumé, je ne puis partager votre opinion sur le caractère authentique et original de la bulle. Pour moi, c'est une copie postérieure d'un siècle au pontificat de Marin. Tel est aussi l'avis de mes collègues de l'école des Chartes, à qui je l'ai communiquée sans leur laisser préjuger mon opinion.

» Le document n'en est pas moins précieux. Les doutes que je prends la liberté d'exprimer, et qu'il est loisible de contester, sont même une raison qui me fait désirer de voir la pièce dans un dépôt public, où chacun pourra l'examiner et la comparer avec les autres monuments de la chancellerie pontificale au ix° siècle (1). »

Cette bulle est écrite de la main de Zacharie, archiviste de l'Eglise romaine, au mois de mai, la première année du pontificat du pape Marin, sous le règne de Carloman, fils de Louis (le Bègue), indiction première, ce qui donne la date très-positive de l'an 883. Elle est contresignée par Valentin, évêque de Porto, la veille des ides de juin (11 juin) de la même année.

Dans cette bulle, le pape Marin prend le monastère de Solignac sous la protection du Saint-Siége, le confirme dans la possession de ses biens et de ses priviléges, lui permet d'administrer librement ses biens temporels, et défend qu'aucun des évêques ou des comtes exige du monastère le droit de logement ou de livrée (*mansionaticum ibi, vel paratas, vel stationes requirere vel exigere presumat*).

Il confirme aux religieux la libre élection de l'abbé, et il porte un terrible anathème contre ceux qui auraient la présomption d'établir un abbé en dehors de l'institution authentique et régulière.

Il leur donne la permission de fortifier le monastère contre les incursions des Normands.

Nous allons publier cette pièce, en reproduisant les fautes de copiste qu'elle renferme. Nous indiquerons par des chiffres les lignes du manuscrit, et nous mettrons entre deux crochets les mots ou parties de mots qui ont été rongés par le temps, et que le P. Sirmond a suppléés dans l'édition qu'il a donnée de cette bulle :

---

(1) Lettre du 4 mai 1877. — Nous avons cédé cette bulle à la Bibliothèque nationale.

1. † Marinus episcopus, servus servorum Dei, dilecto abbati Danieli ex cenobio Sancti Petri Solempniacensis
2. *qui* olim a beato viro Elegio est *constructus* (1), successoribusque tuis ac monachis inibi nobiliter degentibus in perpetuum.
3. Convenit enim nostro pontificio, ut quantum pre omnibus eminet dignitate, tanto supra universos eniteat serenissima
4. pietate. Postulatis itaque a nobis ut prefatum cenobium sub defensione ac tuitione beatorum apostolorum Petri et Pauli
5. ac nostra statueremus, sicut factum legimus ab antecessore nostro beato viro papa, postulante nobilissimo Francorum rege
6. Dagoberto, et constructore ipsius loci sanctissimo viro Elegio episcopo Noviomagensi, quatinus quieti ac tuti esse per futura tempora
7. valeatis. Nos vero, vestram sanctitatem agnoscentes, vestreque religioni assensum prebentes, tanta alacritate leto animo conce-
8. dimus, quanto vos Deo propinquiores in sacra conversatione cognoscimus fore. Igitur juxta peticionem vestram hujusmodi
9. privilegium, presentis auctoritatis nostre decreto, eidem venerabili monasterio, vestris futurisque temporibus, indulgemus
10. concedimus atque confirm[am]us, ut sicut nobilissimus Francorum rex Dagobertus, et gloriosissimi augusti Karolus, et filius ejus
11. Ludovicus, et filii et ne[potes] eorum Karolus imperator et ejusdem Karoli filius Ludovicus, necne [et] Karlomannus
12. Ludovici filius, qui nu[nc re]gnum Francorum feliciter gubernare videtur, ducti divino [amo]re, de villis ac
13. facultatibus, seu stipendiis propriis.... (2) vel quolibet modo

---

(1) Sirmond, et alii : « *Quod* a beato viro Eligio est *constructum* ».
(2) Nous croyons qu'il y a là une lacune.

ibi a fidelibus viris condonate res, vel a vobis quoquomodo adquisi-
14. te sunt, sicut in preceptis predictorum regum continentur, vel in carta ejusdem monasterii fundatoris insertum est,
15. scilicet Elegii episcopi, omnia inlibata et inconvulsa nostre auctoritatis privilegio confirmamus. Damus etiam licentiam
16. propter persecutionem infidelium Christianitatem devastancium municionem inibi (1) fieri. Constituimus alia auctoritate
17. beati Petri, ut nullus regum, nemo antistitum, vel abbatum, seu quilibet sua preditus dign[itate, de i]is que in pre-
18. libatis preceptis continentur, vel in futuro ab eis, vel a quibuslibet de proprio fuerint his spe[cialibus usi]bus jure
19. collata, sub cujuslibet cause occasione sive specie quicquam minuere vel auferre, vel aliis quasi pii[s causis] pro sue
20. avaricie excusatione presumat concedere, sed cuncta que usibus monachorum vel æcclesiae oblata sunt vel offerri
21. contigerit, perenni tempore absque ulla inquietudine ipsis quibus concessa sunt profutura permaneant. Statuimus
22. etiam ut nullus episcoporum, seu comitum, mansionaticum ibi, vel paratas, vel staciones requirere seu exigere presumat. Sed
23. liceat servis Dei sine aliqua inquietudine Deo servire et ospitalitatis benevolentiam, prout eis libuerit, cunctis
24. fidelibus inpendere. Placuit huic pagine inseri ut, obeunte abbate predicti cenobii, nullus ibi, quacumque subreptionis
25. ambitione, abbatem statuere presumat, nisi quem ejusdem loci monachi secundum autenticam et regularem institutionem ex se ip-
26. sis elegerint ordinandum. Si quis autem hanc paginam constitutionis agnoscens, contra eam venire temptaverit, sit

---

(1) Sirmond. et alii : « Ibi ».

27. alienus a sacratissimo corpore dni ihu xpi, et nisi presumpta correpserit, vel male ablata non restituerit, ulcionem
28. cum Juda proditore excipiat, et beatum Petrum senciat [ho]stem. Cunctis autem eidem loco justa servantibus, sit pax
29. dni nri ihu xpi, quatinus et hic fructum bone actionis inveniant (1). Scriptum per manum Zachariæ scrinarii sanctae
30. Romane ecclesiæ, mense madio indictione prima. Amen (2).

† Bene Valete † ᵣMⁱ A ₙᵥₛ (3). Pridie idus juni (4) per manum

31. Valentini æcclesiae Portuensis humillimi episcopi *in sanctae apostolice sedis* (5), regnante in perpetuum domino Deo nostro,
32. Anno pontificatus domni Marini primo universali papæ (6), indictione prima.

L'ABBÉ ARBELLOT,

Chanoine de Limoges.

---

(1) Il semble qu'il y ait là une lacune. Il faudrait suppléer par exemple : *Et in futuro coronam celestem accipiant.*

(2) *Amen* est écrit en deux lettres (*am*) sous une forme monogrammatique.

(3) Monogramme de *Marinus.*

(4) Sirmond. et alii : *Junias.*

(5) Ces mots soulignés, ainsi que le mot *humillimi,* ont été supprimés par Sirmond et ceux qui ont reproduit son texte.

(6) Sirmond et les autres ont mis : *Anni pontificatus domni Marini universalis papæ primo.*

www.ingramcontent.com/pod-product-compliance
Lightning Source LLC
Chambersburg PA
CBHW060522050426
42451CB00009B/1115